VINICIUS DE MORAES

História natural
de Pablo Neruda

A elegia que vem de longe

VINICIUS DE MORAES

História natural de Pablo Neruda
A elegia que vem de longe

XILOGRAVURAS DE
Calasans Neto

APRESENTAÇÃO DE
Ferreira Gullar

COMPANHIA DAS LETRAS

Apresentação

Entre irmãos

Alguns dos poemas que compõem este livro, com que Vinicius de Moraes homenageou Pablo Neruda, escritos após sua morte em setembro de 1973, são expressão de um momento trágico vivido pela América Latina com a derrubada de Salvador Allende, então presidente do Chile. Eles resultaram, sem dúvida alguma, do impacto que causaram no poeta brasileiro aqueles dois traumáticos acontecimentos. O Brasil vivia sob uma ditadura militar, hostil ao governo socialista chileno, que dera guarida a muitos políticos brasileiros, vítimas, de uma maneira ou de outra, do arbítrio do regime autoritário. O fim trágico de Salvador Allende e seu governo atingiu duramente sobretudo aqueles que, como Vinicius, identificavam-se com o presidente chileno e com a causa do socialismo. Imagino que a morte de Neruda, doze dias depois do golpe militar, terá levado nosso poeta às lágrimas e ao impulso, como era próprio dele, de abraçar o companheiro caído em meio àquela guerra fratricida. A idéia deste livro, menos que um

protesto indignado, é a expressão de uma perda e o modo
possível de repará-la, de recuperar a presença do amigo que se fora.
Por isso, ele diz:

Senta-te ali, poeta primogênito
Naquela ampla cadeira em frente ao mundo
E deixa-me pintar o teu retrato [...]
Com palavras cobertas do azinhavre

A leitura desses versos me devolve àqueles dias terríveis, em que eu,
em Santiago do Chile, vivia a mesma tragédia e a mesma perda.
Neruda morrera, em parte da doença que o consumia, mas sobretudo
atingido pela desesperança que, naqueles dias, dilacerava-lhe o
coração. Foi como se ele, em face da vitória do fascismo, se entregasse
à morte, pois já não valeria a pena viver. Os militares, conscientes
do que significava o poeta Neruda para o seu povo, impediram que se
divulgasse qualquer notícia quer sobre sua morte, quer sobre seu
sepultamento; e cercaram com tropas embaladas o cemitério onde ele
seria sepultado. Mais tarde, ainda no exílio mas já em Buenos Aires, eu
receberia do nosso "poetinha" o conforto do afeto e da solidariedade.
Porque assim era Vinicius de Moraes, poeta nos poemas e nos atos,
irmão que, mais uma vez, nos versos deste livro, revela-nos, a par de
carinhosa irreverência, o seu espírito de homem generoso e comovido.

Ferreira Gullar, novembro de 2006

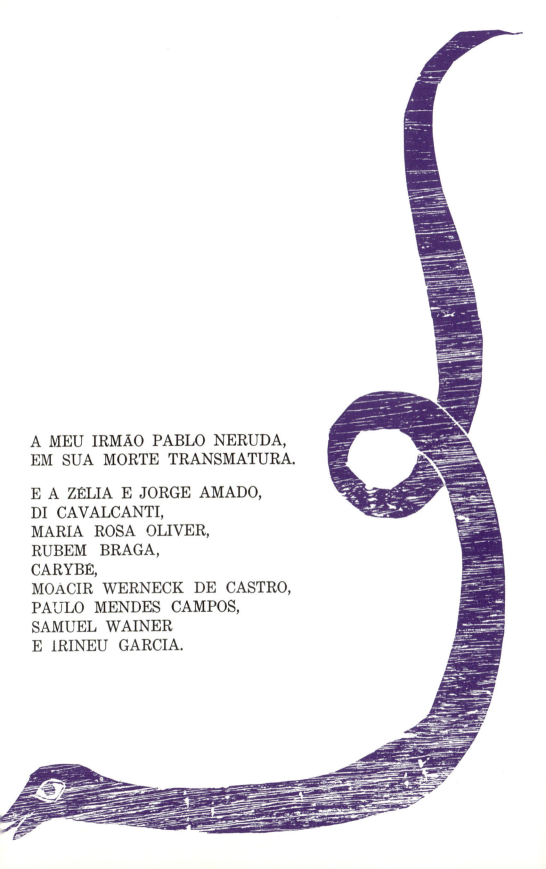

A MEU IRMÃO PABLO NERUDA,
EM SUA MORTE TRANSMATURA.

E A ZÉLIA E JORGE AMADO,
DI CAVALCANTI,
MARIA ROSA OLIVER,
RUBEM BRAGA,
CARYBÉ,
MOACIR WERNECK DE CASTRO,
PAULO MENDES CAMPOS,
SAMUEL WAINER
E IRINEU GARCIA.

O DEEPEST WOUND OF ALL THAT HE SHOULD DIE
ON THE DARKEST DAY. OH, HE COULD HIDE
THE TEARS OUT OF HIS EYES, TOO PROUD TO CRY.

UNTIL I DIE HE WILL NOT LEAVE MY SIDE.

DYLAN THOMAS

a Vinicius de Moraes

No dejaste deberes sin cumplir:
tu tarea de amor fue la primera:
jugaste con el mar como un delfín
y perteneces a la Primavera.

Cuanto pasado para no morir!
Y cada vez la vida que te espera!
Por ti Gabriela supo sonreír
(Me lo dijo mi muerta compañera)

No olvidaré que en esta travesía
llevabas de la mano a la alegría
como tu hermano del país lejano.

Del pasado aprendiste a ser futuro
y soy mas joven porque en un día puro
yo vi nacer a Orfeo de tu mano.

Pablo
Neruda

Barco
Lummen 24 marzo 1960

Sonêto a Pablo Neruda

Quantos caminhos nós fizemos juntos
Neruda, meu irmão, meu companheiro...
Mas êste encontro súbito, entre muitos
Não foi êle o mais belo e verdadeiro?

Canto maior, canto menor — dois cantos
Fazem-se agora ouvir sob o Cruzeiro
E em seu recesso as cóleras e os prantos
Do homem chileno e do homem brasileiro

E o seu amor — o amor que hoje encontramos...
Por isso, ao se tocarem nossos ramos
Celebro-te ainda além, Canto geral

Porque como eu, bicho pesado, voas
Mas mais alto e melhor do céu entoas
Teu furioso canto material.

A bordo do "Louis Lumière", a caminho do Rio, 1960.

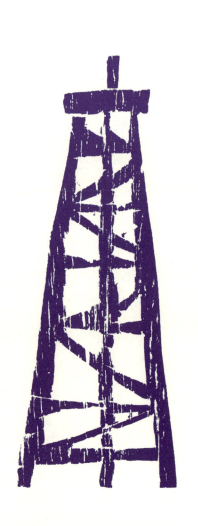

Los Angeles, 1948.

Boa noite, Pablo Neruda. Neste instante
Ouvi cantar o primeiro pássaro da primavera
E pensei em ti. O primeiro pássaro da primavera
Cantou, parece incrível. Mas ainda existem pássaros
Que cantam em noites de primavera.

Estou sozinho e tudo é silêncio. Meus filhos
Foram dormir. Minha revolta, provisoriamente
Também foi dormir. A verdade, poeta
É que te tenho presente, a cerveja está bem gelada
E o pior ainda está por vir.

Hoje pensei em Lorca. Vi-o nitidamente
Caminhando entre soldados. Seus olhos
Me olhavam entre dois canos de fuzis, desfigurados.
Hoje soube que teve medo, teve medo de morrer
Teve medo, mas não dizia nada.

Eu também tenho medo, meu irmão. Quem, em verdade
Com tanto amor à vida não tem medo? Lorca
Amava a vida, era um pássaro. Lembro o dia
Em que atirei num passarinho, eu era menino. Vi-o
Por entre a mira da espingarda, depois tombou ensangüentado.
Debrucei-me sobre ele, agonizava, tinha medo
Mas também não se queixava.

É estranho, poeta, é tudo imensamente estranho
Esta noite, esta presença tua e esta certeza
De que a morte ronda. Gabriela, tua velha mestra
Partiu, foi para o México. Quando a deixei no avião
Olhou-me com ternura e muita paz
Depois beijou-me o rosto e disse:
— **No sé si nos veremos más.**[*]

Agora, no entanto, a noite, amigo
Se estende sobre nós, plantada de lírios
Faiscantes. Lorca morreu. Outros morrerão
Talvez tu, talvez eu. O inimigo
Possui fuzis, o que não impede a primavera
De ser saudada pelos pássaros.

A ti te atacaram pelas costas
Os vendilhões de tua pátria em forma de faca
Tua pátria em forma de faca, que um dia
Há de se erguer ensangüentada
Do sangue da covardia e da maldade.

---

[*] De fato, eu não deveria mais rever essa grande amiga que foi Gabriela
Mistral, antiga professora de Neruda.

Ah, que esta é a soma de muitas noites
Poeta amigo... É a noite
De 14 de abril de 1948: dois dias depois
De sufocada a revolução da Colômbia. Mais uma
Que foi sufocada. Quantas serão precisas, Pablo
Quantas retaliações, quantos cadáveres?

Serão precisos muitos cadáveres, poeta
Talvez o meu, talvez o teu e até o da mulher amada.
O fato de se acordar e se estar vivo
Já não quer dizer nada. Mas é importante resistir
Mesmo com a boca amordaçada.

Como Miguel Hernández. Como Fucjik. Como Hikmet. Como Eisler.
Como os humildes mortos ignorados, torturados
Desfibrados a pancada: a grande massa cujos ossos
Ilumina o caminho, o único possível
Dentro da ignomínia e da desgraça.

Hoje mais do que nunca o mundo avança
Para uma Aurora ainda aprisionada.
Tentemos resgatá-la com poesia
Cada poema valendo uma granada
Como disseste imortalmente um dia
No teu "Canto de amor a Stalingrado".

Breve consideração
à margem do ano assassino de 1973.

Que ano mais sem critério
Esse de setenta e três...
Levou para o cemitério
Três Pablos de uma só vez.
Três Pablões, não três pablinhos
No tempo como no espaço
Pablos de muitos caminhos:
Neruda, Casals, Picasso.

Três Pablos que se empenharam
Contra o fascismo espanhol
Três Pablos que muito amaram
Três Pablos cheios de Sol.
Um trio de imensos Pablos
Em gênio e demonstração
Feita de engenho, trabalho
Pincel, arco e escrita à mão.

Três publicíssimos Pablos
Picasso, Casals, Neruda
Três Pablos de muita agenda
Três Pablos de muita ajuda.
Três líderes cuja morte
O mundo inteiro sentiu...
Ô ano triste e sem sorte:

— VÁ PRA PUTA QUE O PARIU!

Itapuã, Bahia:
outubro de 1973.

Senta-te ali, poeta primogênito
Naquela ampla cadeira em frente ao mundo
E deixa-me pintar o teu retrato
(Já que, por circunstâncias, não o fizeram
Teus amigos Picasso e Di Cavalcanti)
Com palavras cobertas do azinhavre
Do tempo, e pela luz verde da Lua
Funâmbula, a transar entre hemisférios
Desprendida da pele de Matilde
Para os céus jorjamados do Recôncavo.
É madrugada, irmão, e escuto o mar
Que geme versos teus sobre as areias
De Itapuã, chorando a tua morte
Tu que o amavas a imprecar bravio
Contra os negros penhascos de Isla Negra.
Assim Pablo: conserva no teu rosto
De volumoso peixe de águas fundas
Em teus pequenos olhos infantis
De irônica baleia sonolenta
Em teu repouso grave mas atento
De antiga e presciente salamandra
Esse quase sorriso de quem, mágico
Ato contínuo vai sacar do ouvido
Uma lenta cenoura, e indo roê-la
Vê-la voar-se transformada em pomba
Que pouco a pouco ganha altura, e súbito
No céu se acende, transcendida em estrela.

Relaxa bem teu corpo elefantino
(Que para o seres só te falta a tromba)
E pensa em teus cristais e teus crustáceos
Em teus belos besouros africanos
Em tuas pedras sutis e iridescentes
Tuas botinas de antigas senhorinhas
Tuas estrelas-do-mar e teus sextantes
Teus veleiros cativos em garrafas
Tuas garrafas de tanta procedência
Tuas carrancas marítimas, teus búzios
Teu cavalo (de Tróia ou de Temuco?)
Nas coisas que te deram a terra e as águas
De brilhante, de opaco, de translúcido
E que terçavam acordes inaudíveis
Sempre que nelas teu olhar pousava
Nas frias madrugadas de Isla Negra
Antes de mergulhares, densa foca
No luminoso aquário de tua sala
E com dedos de cego a ler no Braille,
Desencantar do ar mais um poema.

Cantiga de amigo,

cantiga de amor.

A Holanda te deu Maruca
A Argentina, **la Hormiguita**
Bela e fundida da cuca
Deu-te o México, Maria.
O Brasil deu-te Marina
Teu amor secreto e humilde
Mas o mundo emocionado
Muito mais te houvera dado
Se teu Chile enciumado
Não te ordenasse Matilde:

— A grande amada: Matilde!

Primeira viagem ao Brasil:
Rio, 1945.

No Rio
Comíamos camarões.
"— **Todos a los camarones.**" — tu dizias, e os amavas
Torrados no azeite e regados a vinho branco
De preferência chileno (**"Mejor**
Que los franceses!") e bem gelado
De maneira a mesclar
O buquê de duas pátrias. Íamos aos restaurantes
Do velho Mercado com os amigos.
Íamos ao Rio-Minho, ao Antero, onde a garopa
Te contava: "—... vim do mar/ para o vosso paladar."
Íamos à Furna da Onça tomar "coquinho", calibrar-nos
Para as celebrações noturnas, para as musas
Para os poemas, para as discussões serenas
Para os ritos da amizade, apenas
Nascida, ancha, acontecida
Na revolta e na constatação dos graus
Da infâmia, na contestação de Deus e Midas
Tecendo caprichosas redes dialéticas
Onde pudessem dormir os simples
Os rotos, os clochardos.
E comíamos frutos do mar
Com batidas, com chope, com carinho
Fraterno, a suar ao Sol intenso
De Copacabana em meio a seios, olhos, nádegas
Criando templos pagãos para matar o tempo
Penetrando antes do ácido e do pico

As regiões roxazuis do amor imenso
O astral universal regido pelas leis de
Engels-Marx-Lenine, amávamos felizes
A vida natural sem os silêncios
Da mais-valia, nós éramos poesia
Poesia, poesia e só poesia
Em nossas mãos, em nossos olhos, em nossos corações
Em nossos fígados, em nosso sexo e até em nossa vã melancolia.
E comíamos camarões. "— **Todos a los camarones!**" — tu dizias.
E nós íamos.

Curtição vegetal.

Lembra-me uma visita
Ao Jardim Botânico onde te vi de súbito
Vegetal, integrado (de boina) na paisagem
De folhagens e troncos, um tronco plantado
Em Temuco e que espalhou seus ramos pelo mundo
Dando flores, serpentes, passarinhos
E grandes frutos pensos
Abrigando colméias
E sugado por laelias ninfômanas.
Um bom gigante
Contundido de raios e tormentas
Ejaculando ceras e resinas
Do alburno tenro
Sem um espinho sequer, criando alfombras
Onde se deitarem os namorados
Para gritar seu pânico no ato.
Impávido ante os ventos
A proteger, compacto
Seus ninhos, suas borboletas frágeis
Seus bons camaleões, suas lagartas
Seus morcegos senis, suas corujas
Míopes, mas com vergonha de usar óculos.
Com tremendas raízes que fizeram
Residência na terra
Como garras de amor no chão cravadas

Cobertas de varizes sumarentas
E cogumelos priápicos
Em meio a vegetais umidescências.

Passeavas com Delia de mãos dadas
Numa passada lenta
Olhando no alto a copa das palmeiras
Plantadas por dom João VI
Triste por não ter visto a flor-de-maio
Dar-se a ti em outro mês.

1949, prelúdio ao México.

Uma tarde
No Consulado em Los Angeles
Eu, assinando faturas
O interurbano toca de repente
Do México: — **Quién habla?**
— **C'est moi**... (não ouvi o resto).
— **Moi qui?**
— **Paul Eluard**...
— **Mais non!**
— **Mais oui**...
(Era ele, o poeta amado, a voz mais clara
Da França, a voz mais pura, a mais ardente...)
— **Je suis très ému de vous entendre**...
— **Viens, alors, Neruda est là. Attends, il-y-a Cavalcantí**
Qui aussi veut te parler.
— Poeta?
— Di!
— Vem imediatamente! Há mulheres lindas querendo te amar!
Neruda está doente, quer que você venha! O México é fabuloso!
Eluard é fabuloso! Tudo é fabuloso!

1947. Breve retorno ao Chile
e criação de "Canto general".

(O senador Pablo Neruda
Perseguido pela polícia de González Videla
Refugia-se no seio do povo, que o oculta
De casa em casa, de choupana em choupana
Cada vez que o perigo ameaça, o povo
Ama o seu poeta, faz em torno dele um muro
De silêncio, dá-lhe pão
Queijo e vinho, a morte ronda com os patrulheiros
A senha passa, à noite levam-no embuçado
Para outro sítio, mil olhos campesinos
Vigiam, as estrelas vigiam, a Lua
Se oculta entre nuvens para que não o vejam
Os assassinos, súbitas tormentas
Desencadeiam-se à aproximação furtiva
De seus passos, o poeta com a cabeça
Em chamas vê distante a cordilheira, os altos
De Macchu Picchu, a queda dos meteoritos
Sobre o crepúsculo da iguana, as roxas
Procissões, o pastor peruano
A tanger doces lhamas
Os **pueblos,** as nações
Empapadas de sangue, a mão
Em garra dos tiranos, e o poeta
De rua em rua, rio em rio, casa em casa
Cidade em cidade diz adeus ao cobre
Se afasta do salitre, come as pétalas
De vermelhas papoulas, transpõe léguas
Em lombo de muares, o poeta
Contra os azares, contra o vento
Possui a América!)

Chegada ao México.

Descendo Sierra Madre
Num veloz Roadmaster
Como um doido pião, entrei Ciudad de Mexico
À noitinha. No hotel, Di me esperava
Com abraços e vinho. Logo fomos
Pela ampla cidade até Neruda
Prostrado em sua cama.
Ao seu lado, sentada
Uma mulher me olhou, toda de negro
A cabeleira branca
Em duas tranças repartida ao meio
E de beleza tanta
Que o coração bateu-me e eu tive medo.

E pus-me a amá-la assim, muito em segredo.

Depois Delia contou-me:
As pernas de Neruda se cansaram
De carregar-lhe o peso
Seja montado a cavalo
Seja a pé mesmo
E uma feia flebite
Se instalara por fim em suas veias.
Os médicos tratavam-no
Contando **chistes,** dando tempo ao tempo.

Havia em sua voz muito receio.

Mais tarde, ao despedir-me
Deixei na mão da dama um leve beijo
Enquanto ela impassível
Na minha insinuava um leve peso.
Na rua, junto a Di, abri o bilhete
Era a chave, meu Deus!
A chave do edifício com o endereço
Parecia impossível...
Ergui um grato olhar aos céus do México:
— Senhor, eu não mereço...

Ela também chamava-se Maria...
Seria a mesma?

Amamo-nos com fúria e desespero.

Oração para as pernas de Neruda.

Ó desveladas pernas, que tão longe
Carregastes o poeta em sua fuga
Eu vos mirei, enormes e largadas
E roxas da gangrena subjacente.
Ó não as amputeis, homens de branco
Que rondais essas pernas apreensivos
Enquanto o poeta, pálido e prostrado
Lê "Canto general" para os amigos.
Que se não verifiquem os maus preságios
Que volte o sangue a circular nas pernas
E o poeta se erga, majestoso e mágico
E beba em meio a alegres **mariaches**
Cantando alto e bom som canções eternas
Nos caminhos sem fim da liberdade.

Em Paris, 1957.

Em casa de Aragon
Dia de seu aniversário
Elsa ainda viva, éramos Matilde
Tu, Nicolás, o pintor Matta
E eu ainda diplomata, ainda de gravata.
O jantar era bom
A conversa é que estava meio ingrata.
Depois de muitas confabulações
Tu, Nicolás e eu
Nos havíamos cotizado
Para dar a Aragon
Um tremendo incunábulo.
Um livro surpreendente
Porque já nele não se lia nada.
Um bonito presente
E, **evidentemente,** um incunábulo...

Incunábulo...

— Que palavra engraçada!

Outra recordação da época.

Lembra-me
Tu de roupão, no teu apartamento
Ajudando o poeta Geir Campos
A traduzir um canto
Um tanto estatutário
Desse doce hipocampo
Buscando humanizar
O trabalho escravo do operário.

Palavra de honra, a cena parecia
Um mestre de obra terno e competente
Dando uma demão paciente
A um jovem operário da poesia.

Em Montevidéu, 1960.

Por acaso, em 60
Nos encontramos em Montevidéu
E viajamos juntos de navio
Tu e Matilde para a União Soviética
E eu de retorno ao Rio.
Quatro dias, irmão
Em vossa companhia
E de uma bela e grande amada minha.
Correu Moët & Chandon que não foi fácil
Ocorreram poesias
Trocamo-nos sonetos
De muito amor amigo.
Tu e eu escrevíamos
Nas tardes quietas de convés vazio.
À noite ríamos
Da vida fátua dos burgueses ricos.

No Rio
Fomos almoçar juntos no Sorrento
Comemos **camarones** com Moacir
Scliar, Rubem e Irineu Garcia.
À noite retornaste ao teu navio.

Só oito anos mais tarde te veria.

Em 1968,
novamente no Rio.

Desta vez
Na chácara de Roberto Burle Marx
Entre carrancas e canteiros
Ao passar diante de nós
Uma linda menininha na carreira
Eu ouvi tua voz
Sussurrar a tua bela companheira:
"Mira, Matilde, aquella niña corriendo, corriendo
Es la próxima mujer de Vinicius..."
(Esta seria a sexta
O ano era 68
Eu já na casa dos 50!)
Obrigado, poeta...
Um ano depois viria a sétima
Esta a quem em Paris chamaste **hermana**
Também a grande amada para sempre.

Tarde de autógrafos no MAM

e viagem a São Paulo.

No Museu de Arte Moderna
(Depois de uma entrevista à imprensa
Em casa de Rubem Braga)
Autografamos juntos nossos poemas.
Dia seguinte, em São Paulo
Para onde partimos de trem
E nos hospedamos no Ca'd'Oro
Inauguraste a estátua
De Flávio de Carvalho
Em homenagem a Lorca
E que pouco mais tarde
Amanheceu no chão desmantelada
Pelos homens do Ódio.

Viagem gastronômica

a Belo Horizonte.

Em Bel'zonte
Levei-te ao restaurante do Tavares
Para onde, como sói
Havia convidado previamente
Esse querido Elói.
Nunca havias provado
Capivara, tatu, paca, veado
A boa caça brasileira
Acompanhada de feijão tropeiro
E lingüiça e torresmo bem torrado
E um molho de pimenta
Perfeitamente ignaro
("Fogo do Inferno", chama-se...)
Que — eu bem te avisei! —
Incendiou-te as vísceras e a cara
Isso depois de umas "caipirinhas"
E, durante, cerveja bem gelada.

Dava gosto o prazer e o sofrimento
Com que comias e com que suavas.

Visita a Ouro Preto.

Em Ouro Preto
Mostrei-te o Pouso do Chico-Rey
Onde a amiga Lili
Deu-te uísque a beber.
Depois fomos comer lá no Pilão
Galinha ao molho pardo.
Te puseste a escrever
Novo soneto para substituir
O que me tinhas dado
Em nossa viagem de Montevidéu
E eu havia perdido
E agora felizmente reencontrei
Belo, moderno, inédito e de lei.

Peregrinação a Congonhas.

Subimos, em Congonhas
Para ver o Santuário
E os Profetas do Aleijadinho
Que achaste realmente extraordinários.
Era, por coincidência
O dia desse insólito calvário
A grande romaria
Que traz gente infeliz de todo lado
Prostitutas, mendigos, malviventes
O povo penitente, pobre e vário
Que vem pedir ao Bom Jesus de Matosinhos
Remédio para os seus males.

Observaste tudo gravemente
O povo pelo qual tanto lutaste
Ali vivendo apenas da esperança
De um milagre, mais nada.
Senti nascer em ti um grande poema
Cheio de funda piedade
Mas que, talvez por dares tempo ao tempo
Deixaste irrealizado.

Penetración en la mujer.

Duas mulheres tivemos
Juntos, irmão: tu primeiro
Por ordem de geografia:
Tu chileno, eu brasileiro.
Misturamos nosso sêmen
Na mesma fonte fendida
Como agora misturamos
Nós que tanto nos amamos
Minha vida, tua morte
Nosso amor, nossa poesia.

Um poema - canção

de amor desesperado.

Cuerpo de mujer, blancas colinas, muslos blancos
Te pareces al mundo en tu actitud de entrega.
De coordenadas tais e horizontes tão grandes
Que assim, imersa em amor, és uma Atlântida!
Como todas las cosas están llenas de mi alma
Emerges de las cosas llenas del alma mía.
E ponho-me a cismar... — mulher, como te expandes
Que imensa és tu! — maior que o mar, maior que a infância!
Cielo desde un navio, campo desde los cerros
Onde, a nudez vestida só de lua branca
Eu ia mergulhar minha face já triste.
Pero cae la hora de la venganza, y te amo
Cuerpo de piel, de musgo, de leche ávida y firme.
Como o mar ao penhasco onde se atira insano
E onde a bramir se aplaca e ao qual retorna sempre.
(Ya no la quiero, es cierto, pero tal vez la quiero
Es tan corto el amor, y es tan largo el olvido.)
Fuy tuyo, fuiste mía. Tu serás del que te ame
Del que corte en tu huerto lo que he sembrado yo.
Mas eu te possuirei mais que ninguém porque poderei partir
Num amor cheio de renúncia. Yo no lo quiero
Amada, para que nada nos amarre, que no nos una nada.
Eu deixarei que morra em mim o desejo de amar os teus
                                  [olhos que são doces
Porque nada te poderei dar senão a mágoa de me
                          [veres eternamente exausto.
Fuy tuyo, fuiste mía. Que más? Juntos hicimos
Un recodo en la ruta donde el amor pasó.

Meu sonho, eu te perdi, tornei-me em homem.
O verso que mergulha o fundo de minha alma
É simples e fatal, mas não traz carícia.

Confesso que me canso de ser hombre.
O que sou eu senão um grande sonho obscuro em face do Sonho
Senão uma grande angústia obscura em face da Angústia?

Puedo escribir los versos más tristes esta noche...

Itapuã, 30.10.1973

Colofão da primeira edição

ESTA "HISTÓRIA NATURAL DE PABLO NERUDA" TAMBÉM CHAMADA "A ELEGIA QUE VEM DE LONGE" FOI ESCRITA NO PRINCIPADO LIVRE E AUTÔNOMO DE ITAPUÃ NO MÊS DE OUTUBRO DO ANO DE IEMANJÁ DE 1973, COM MUITO AMOR E MUITA DOR PELO POETA VINICIUS DE MORAES, NA TRÁGICA CIRCUNSTÂNCIA DA MORTE DE SEU AMIGO FRATERNO O GRANDE POETA CHILENO QUE PARTIU DEZ DIAS MAIS TARDE DO QUE DEVIA, TENDO SIDO ILUSTRADA COM GRAVURAS EM MADEIRA POR CALASANS NETO E COMPOSTA E IMPRESSA EM SALVADOR, BAHIA, NO ANO DE OGUM DE 1974, QUE ASSINALOU OS 80 ANOS DE MÃE MENININHA DO GANTOIS, NA TIPOGRAFIA DOS MONGES BENEDITINOS, PARA AS EDIÇÕES MACUNAÍMA, EM TIRAGEM LIMITADA DE 300 (TREZENTOS) EXEMPLARES, FORA DO COMÉRCIO, HAVENDO CONTADO COM A COORDENAÇÃO DO POETA FERNANDO DA ROCHA PERES, A SUPERVISÃO GRÁFICA DE ALCINO DEMBY, A EXECUÇÃO DE URBANO BRITO E JOAQUIM MORAES, IMPRESSORES, E FERNANDO LEONE E MÁRIO MACHADO, ENCADERNADORES.

Tradução da epígrafe (p. 13)

Ah ele morrer no mais escuro dia
que ferimento fundo. Ah, tanto orgulho...
as lágrimas dos olhos ele não mostraria.
Até eu morrer ele estará a meu lado.

Dylan Thomas

Tradução do soneto de Pablo Neruda (p. 15)

PARA VINICIUS DE MORAES

Não deixaste deveres por cumprir:
os encargos de amor vieram primeiro;
brincaste com o mar como um delfim
e nasceste cidadão da primavera.

Quanto passado para não morrer!
E a cada vez a vida que te espera!
Por ti Gabriela conseguiu sorrir
(Me disse minha companheira morta).

Não me esqueço que nesta travessia
trazias a alegria pela mão
como um irmão vindo de muito longe.

Do passado aprendeste a ser futuro:
e sou mais jovem porque num dia puro
eu vi Orfeu nascer da tua mão.

Pablo Neruda
Navio *Lumière*, 27 de março de 1960.

Vinicius de Moraes (1913-1980) nasceu no Rio de Janeiro e estudou direito, língua e literatura inglesas. Foi poeta, compositor, dramaturgo, cronista e diplomata

Calasans Neto (1932-2006) nasceu em Salvador, foi artista plástico, ilustrador e fundador das Edições Macunaíma, especializada em livros ilustrados de tiragem limitada

Carlos Scliar (1920-2001), pintor brasileiro

Delia del Carril, "la Hormiguita" (1885-1989), pintora e gravadora argentina, segunda esposa de Neruda

Di Cavalcanti (1897-1976), pintor e caricaturista brasileiro

Eloy Heraldo Lima (1923-1990), médico e empresário brasileiro. Hospedava Vinicius e Neruda em Belo Horizonte

Elsa Triolet (1896-1970), escritora francesa de origem russa

Federico García Lorca (1898-1936), poeta e dramaturgo espanhol

Flávio de Carvalho (1899-1973), artista plástico brasileiro

Gabriel González Videla (1898-1980). Presidente do Chile de 1946 a 1952, instaurou no país um severo regime anticomunista, que perseguia membros importantes do partido. Entre eles estava Neruda, que na época era senador, e foi forçado a se manter em esconderijo até conseguir fugir do país

Gabriela Mistral (1889-1957), poetisa e diplomata chilena, ganhadora do prêmio Nobel de Literatura em 1945, foi professora de Neruda e amiga de Vinicius, e viajou diversas vezes ao Rio

Geir Campos (1924-1999), poeta brasileiro

Hanns Eisler (1898-1962), músico austríaco

Irineu Garcia (1920-1984), jornalista e produtor fonográfico, criador do selo Festa, que "inaugurou" a Bossa Nova com o disco *Canção do amor demais* (1958). Produziu um álbum com poemas de Neruda recitados pelo próprio poeta

Julius Fuchik (1903-1943), jornalista e poeta tcheco, torturado e assassinado pela Gestapo

Lili Correia de Araújo (1909-2006), proprietária do hotel Pouso do Chico Rei, em Ouro Preto, onde Vinicius e Neruda se hospedavam

Maria Antonieta Hagenaar, "Maruca", holandesa, primeira esposa de Neruda

Matilde Urrutia (1912-1985), chilena, terceira esposa de Neruda

Miguel Hernández (1910-1942), poeta e dramaturgo espanhol que lutou na Guerra Civil Espanhola contra o regime de Francisco Franco

Moacir Werneck de Castro (1915-2010), escritor e jornalista brasileiro

Nazim Hikmet (1902-1963), poeta socialista turco

Nicolás Guillén (1902-1989), poeta cubano

Pablo Casals (1876-1973), violoncelista e regente espanhol

Pablo Neruda (1904-1973) nasceu em Parral, Chile. Foi diplomata e um dos mais importantes poetas em língua espanhola do século XX

Pablo Picasso (1881-1973), artista espanhol

Paul Éluard (1895-1952), poeta francês

Roberto Burle Marx (1909-1994), artista plástico, arquiteto e paisagista brasileiro

Roberto Matta (1911-2002), pintor chileno

Rubem Braga (1913-1990), escritor e jornalista brasileiro

COLEÇÃO VINICIUS DE MORAES

Antologia poética
A arca de Noé
Chorinho para a amiga (e-book)
O caminho para a distância
O cinema de meus olhos
As coisas do alto
A forma e exegese e Ariana mulher
História natural de Pablo Neruda
Jardim noturno
Jazz & Co.
Livro de letras
Livro de sonetos
Nova antologia poética
Novos poemas e cinco elegias
Novos poemas II
Orfeu da Conceição
Para uma menina com uma flor
Para viver um grande amor
Pela luz dos olhos teus
Poemas esparsos
Poemas, sonetos e baladas & Pátria minha
O poeta aprendiz
Pois sou um bom cozinheiro
Querido poeta
A rosa de Hiroshima (e-book)
Roteiro lírico e sentimental da cidade do Rio de Janeiro
Teatro em versos
Todo amor
A uma mulher (e-book)
Uma mulher chamada guitarra
Vinicius menino

Copyright dos poemas © 1974 by VM Cultural
Copyright do soneto "A Vinicius de Moraes" © Pablo Neruda
Copyright das ilustrações © 1974 by Calasans Neto
Copyright da apresentação © 2006 by Ferreira Gullar

Projeto gráfico (baseado na primeira edição)
Kiko Farkas/ Máquina Estúdio
Elisa Cardoso/ Máquina Estúdio

Foto da p. 3
Pablo Neruda e Vinicius de Moraes (© Pedro de Moraes)

Biografias
Rafael Mantovani

Traduções
Heloisa Jahn

Revisão
Carmen S. da Costa
Andressa Bezerra da Silva

1ª edição, 1974
2ª edição, 1996
3ª edição, 2006

Dados Internacionais de Catalogação na Publicação (CIP)
(Câmara Brasileira do Livro, SP, Brasil)

Moraes, Vinicius de, 1913-1980.
    História natural de Pablo Neruda – A elegia que vem de
longe / Vinicius de Moraes ; xilogravuras de Calasans Neto –
3. ed. – São Paulo : Companhia das Letras, 2006.

    ISBN 978-85-359-0942-5

    1. Moraes, Vinicius de, 1913-1980 2. Neruda, Pablo, 1904-
1973 3. Poesia brasileira I. Calasans Neto. II. Título.

06-8794   CDD-869.91

Índice para catálogo sistemático:
1. Poesia : Literatura brasileira   869.91

1ª reimpressão

[2017]
Todos os direitos desta edição reservados à
EDITORA SCHWARCZ S.A.
Rua Bandeira Paulista, 702, cj. 32
04532-002 – São Paulo – SP
Tel.: (11) 3707-3500
www.companhiadasletras.com.br
www.blogdacompanhia.com.br
facebook.com/companhiadasletras
instagram.com/companhiadasletras
twitter.com/cialetras

Diagramação: Caio Campana/ Máquina Estúdio
Impressão e acabamento: RR Donnelley